AF509755

U temps q̃ lẽpereur dioclecie~
en q̃ fut vng cruel tirant ⁊ le
plus grãt persecuteur de sai~
cte eglise qui oncques fut. Il auoit en
egipte vng puissant et riche price nom
me dyascorus payen ⁊ ydolatre lequel
auoit vne noble dame espousee qui es~
toit cõme aulcũs dient de la lignie de
Jesse en laq̃lle il engendra vne tresbel
le fille nõmee barbe. Asses tost apres la dame mourut et
dyascorus fit aprendre sa fille a lescole. Si tost cõe icelle
fille eut entendemẽt elle cõmenca a penser ⁊ imaginer en
soymesmes que ce pourroit estre de ses ydoles ausq̃lles
on faisoit tant dhõneur ⁊ elle demãda a aulcuns q̃ lui di~
rent q̃ cestoiẽt les ymages des dieux et il luy sẽbla que
ses gens ne pouoient estre dieux ⁊ q̃l cõuenoit par raisõ
q̃l fut vng seul dieu lequel fut cõmencemẽt de tontes cho~
ses ⁊quil ney fut q̃ vng. Aps elle sequist q̃lle gẽs ⁊ deq̃l
le vie ceulx estoiẽt q̃ auoiẽt este dieux. Et trouua que a~
uoient este tresmauluaises gens ⁊ grãs pecheurs. Pour
quoy elle les en prisa main ⁊ luy sẽbla que cestoit grant
diabllerie de croire q̃ telles gens fussent dieux Ainsi cõe
la saincte vierge estoit en icelle pẽsee elle ouyt dire q̃l a~
uoit en alixãdrie vng tressaige clerc q̃ auoit nõ origenes
lequel p sa sciẽce auoit cõgnoissãce du vray dieu et blas~
moit les ydoles cõe choses vaines et dãnablss et pour~
ce que de ceppos elle nosoit pler deuãt sõ pere elle escript
vne lettre a origenes en lui priant quil lui mãdast ce q̃l
sẽtoit du vray dieu et de la vanite des ydoles et luy en~
uoia secretement les lettres. Quãt origenes ses eut leu~
es il en fut moult ioieulx ⁊ lui renuoia vnes lettres re~
spõdãtes a la siẽne en laq̃lle il lui aprenoit la creãce dũg
seul dieu en trois personnes createur du ciel ⁊ de la terre
et de toutes choses et les lui enuoia par vng sien loyal
amy bon crestien et lui manda quelle pourroit conferer
a.ij

auec sõ messaige & ledit messaige lui enseigneroit la foy
catholique. Quãt le messaige de la saincte Vierge et cel/
lui dorigenes approucherent de nicodeme ou elle demou
roit ilz furent en grant soussi cõment le messaige doriges
nes pourroit parler a la Vierge. Quãt saincte barbe sceut
quil Venoit elle se faignit destre malade & fit amener le
messaige dorigenes cõe sil fut medeci. & cõe ilz gferoient
ensẽble diascorus entra en la chãbre & fut cõe tout force/
ne demal talẽt quãt il trouua tel hõe estrãge auec sa fille
& lui demãda furieusemẽt pourquoy il estoit la venu. ha
sire dit la fille cest vng medeci q mest venue guerir tou
te saine. Lors se rapaisa & sẽ alla/adõc le messaige de ori
genes q estoit p̃stre & bõ clerc ouurit la lettre q disoit ai/
si ql estoit vng seul dieu en trois psõnes & cõe le filz e/
stoit engẽdre du pere Et cõe nře seigneur print chair hũa
ine en la vge marie/cõmẽt il receut mort & passion pour
nous cõmẽt il ressuscita et puis mõta es cieulx & de tous
les aultres articles de la foy. Adonc elle lui pria qlle fut
baptizee mais pour doubte qlle auoit de sõ pere q moult
estoit cruel attẽdoit lieu cõuenable. Aps sõ pere la vit ve
oir et lui sẽbla qlle fut la plus belle du monde si pensa a
lui mesmes q la garderoit sãs marier il fit faire vne bel
le tour pour enfermer sa fille dedens affi que psonne ne
la veit & ordonna quẽ celle tour nauroit q deux fenestres
et puis sen ala dehors pour aulcũs de ses affaires la sai
cte vierge aisi enfermee en celle tour se prit a lire les euã
giles et les epistres sainct pol & le psaultier que origenes
lui auoit enuoie aduit quelle descendit vng iour la ou e/
stoit la piscine entour laquelle estoiẽt pourtraittes histo/
res du soleil de la lune et des estoilles & aisi quelle les re
gardoit lãge saparust a elle qui encores luy enseigna le
mistere de la foy & en plant a elle vit la sẽblance dũg be
au ieune hõe la Vierge fut consolee de sa grãt beaulte A
donc lãge lui racõta q cestoit ihũcrist q receut mort pour
racheter lumain lignaige et puis lauertit aussi quelle a

uroit moult a souffrir. Ainsi côe lâge lui disoit ces cho/
ses elle regardoit nostre seigneur ⁊ lui sembloit quelle le
veit tout plaie dont elle ploura. la saicte vierge fut remô
tee en hault vit côe la tour estoit ediflee ⁊ veit quil ny a
uoit que.ii. fenestres ⁊ elle en fit faire vne disât q̃ cest pl⁹
belle chose de trois que de deup. Et ce fit pour lamour de
la saicte trinite. Apⁱs ce la vierge descendit vng tout seu
le en la piscine aupⁱs de laquelle estoit vne colûne de pier
re ou elle fit de son pouce deptre vne croiz laq̃lle appert
encoⁱes. apⁱes elle desuestit et alla en la piscine ou il na/
uoit goute deauee⁊ fit de son deptre pied au fons dicelle
piscine vne croip. apⁱes elle fit son oⁱaisô a nⁱe seigneur
Et loⁱs souⁱdainement souⁱdit eaue en la piscine. Adôc
sainct iehan baptiste sapparut a elle et la baptisa au nô
du pere et du filz et du sainct esperit. de puis la en auant
la vierge fit grât abstinêce ⁊ côe elle trouua les ydoles
de son pere doⁱ ⁊ dargent elle en eut grant despit et les bⁱi
sa et donna loⁱ et largent aup pouⁱes. quât le pere sceut
que sa fille estoit crestiêne ⁊ quelle auoit bⁱise ses ydoles
il fut moult dolêt ⁊ sen ala a elle ⁊ pⁱmieremêt la cuida at
traire p belles paⁱolles a quop la saicte fille ne voulust
optêpeⁱer ains cômêca a amonester sô pere disât q̃l se fit
crestiê. loⁱs le cruel tiⁱât tira sô espee ⁊la cuida tuer / maiſ
elle fit sô oⁱaisô a dieu ⁊ se tira pⁱs dune pierre q̃ la estoit
⁊ lâtost la pierre souurit et receut la doulce vⁱge ⁊ la gecta
sâs blecer dehoⁱs de la ville. Son pere côe esmeu de grât
tre lala querir aup châs ⁊ demâda aup bergiers sil auo
ient point veue sa fille lûg la cela ⁊ lautre lui enseigna
Et icôtinêt q̃l eut enseignee il fut mue en vne pierre de
maⁱbⁱe et ses bⁱeblis fuⁱêt muees en langustes ⁊ encoⁱes
les voit on au sepulcre saicte barbe. Quât le tiⁱât eut re/
trouuee sa fille il la pⁱint p ses cheueup ⁊ la mena a mer
ciⁱ le pⁱuoft ⁊ lui cômâda q̃l la tourmentast des plus cru
eup tourmens quil scauroit penser ⁊ quil gardaft seulle
ment quil ne latuaft pas car il la vouloit occire de sa

a.iii

main auãt que le pꝛeuoſt parlaſt a la ſaincte Bierge elle
lui diſt cõe toute ioieuſe quelle eſtoit creſtiẽne le ꝑuoſt la
bluſma ꝗ la cuida retraire ꝗ ſeduire p doulces parolles ꝗ
puis p menaſſes ſi la trouua ferme en la foy et eſtable
cõe vne pierre loꝛs la fiſt deueſtir toute nue et batre lonſ
guement et lui fiſt toute ſa chair tendꝛe deſcirer ꝗ fit met
tre du ſil dedans ſes plaies et la fit mettre en pꝛiſon en
ce poit ꝗ fit ſemer eſclas de pierres affi ꝗlle paſſaſt deſſ⁹
ꝗ ſe bleſſaſt. Mais en celle nuict nꝛe ſeigneur ſaparut a el
le en mouſt grãt lumiere ꝗ la recõfoꝛta ꝗ guerit nettemẽt
toutes ſes plaies ꝗ fit ſur elle le ſigne de la croiꝗ ꝗ puis
ſeſuanuit. Et la ſaincte vꝑge demoura a grãt lieſſe ꝗ le lẽ
demain au matĩ le ꝑuoſt la fit ramener deuãt lui Et q̃t
il la vit plus belle ꝗ pl⁹ hailtee ꝗ oncꝗs ne lauoit veue il
lui dit. Barbe barbe oꝛ vois tu que les dieuꝗ ont pitie de
toy car legieremẽt tõt guerie Oꝛ dit la vꝑge mauldictz ſoi
ent tes dieuꝗ certes ilz nõt puiſſãce de guerir pſone ains
les fõt dãner en enfer Aloꝛs mercien le ꝑuoſt cõe foꝛcene
la fit mettre en la gehẽne les piez deſſus ꝗ lui fit pcer les
coſtes de poitcs de fer et puis de lãpes ardantes luy fiſt
flãbeier ſes coſtes ꝗapꝛes lui fiſt appliquer lẽmes de fer
ardantes et puis la fit deſpẽdꝛe et eſtacher en vne eſtaꝗ
che le chief deſſus ꝗferir ſur elle de gros marteauꝗ de fer
La ſaincte Bierge nõ obſtãt les tourmẽs ne ceſſoit de rẽ
dꝛe louenges a dieu. loꝛs le tirãt par mal grãt talent lui
fit trencher les mamelles dont elle en rendoit graces a
dieu. Quãt le tirãt vit que pour tourmens ne la pouoit
puenir ne ſurmõter il cõmãda quelle fut deueſtue toute
nue ꝗ menee au val de la cite et en chaſcune rue tourmẽ
tee deuãt le peuple. Adõcques la Bierge pria nꝛe ſeigneuꝛ
ꝗ ainſi que il couuroit le ciel de nuez il la voulſiſt couurir
incõtinent lãge de nꝛe ſeigneur vit a elle et la guerit tou
te ſaine et la couurit dune belle robe. Quant le tirant la
vit ainſi ſoubdainement guerie et reueſtue car icõtinent
ꝗ le mauldit tirãt la faiſoit tourmẽter incontinẽt lange

la guerisoit il fut moult esbahi ledict tirant et ne sceust
plus q̃ faire ⁊ la retourna a sõ pere lequel la print p grãt
felonnie et la mena en Vng lieu ou len auoit acoustue de
descoller les malfaicteurs. Si tost quelle p fut Venue el
le fit son oraisõ a nr̃e seigneur et luy pria q̃ pour amour
delle il Voulsist accorder q̃ quicõques la requerroit en q̃l
que besoig ou necessite il le Voulsist secourir ⁊en especial
q̃ q̃cõq̃s tuneroit sa Veille ⁊ solẽniseroit le iour de sa pas
siõ p bõne deuotiõ q̃l ne peust trespasser de ce monde q̃l
ne fut p auãt cõfesse ⁊ apres garni de la cõmuniõ de son
precieup corps ⁊ quil Voulsist auoir pitie deulp au iour
du iugement La Volp de nr̃e seigneur fut ouye qui lapel
la a sa grace ⁊ lui dit q̃l lui feroit tout ainsi quelle auoit
requis. Et lors sõ ppre pere plus cruel q̃ beste sauluaige
la decolla q̃lle nauoit q̃.p V.ans et ainsi q̃ le tirãt retour
noit a sõ ostel il cõmenca a tonner ⁊ faire horrible tẽps
⁊cheut fouldre dessus le malheureup dia scorps tãt q̃l fut
ars et brusle. Lors Vng prestre deuot nõme Valentin prit
le corps de la t̃ glorieuse Vierge ⁊ lenterra hõnorablemẽt
et fit sur son sepulcre Vng petit oratoire auquel de puis
nr̃e seigneur fit de moult beaulp miracles Et adõt quãt
les parens Veirent les beaulp miracles ilz feirent faire
Vne moult riche et noble chasse de fin or aournee de pier/
res prieuses ⁊ y mistent le corps sainct a grãt honneur
dedens le temple de nicodeme

Sensuiuent les miracles de saincte Barbe p lesquelz
app't q̃ nulz qui aient Vraye deuotiõ a elle ne trespasserõt
de ce monde quilz ne soient cõfes ⁊ repentans ⁊ quilz ne
recoiuent la cõmuniõ du precieup corps de ihesus.

Le premier miracle est tel.

Vng tẽps apres le martire saicte Barbe crestiẽs alerẽt a
grãt ost sur les sarrazins et assiegerent nicodeme ou le
corps saicte Barbe reposoit finablemẽt ilz prindrẽt la Vil
le ⁊occirẽt tous les paiẽs ⁊puis ilz ẽtrerẽt au tẽple de la
cite nõ pas pour aourner mais pour piller. et lors quilz

entrerēt dedēs tõe ceulp q̃ estoiēt blecez se trouuerēt gue
ris tout souddainemēt. Jlz trouuerēt ẽng ancien pꝛeftre
au sepulcre de saicte barbe et lui demãderēt quel coꝛps gi
soit en icellui sepulcre ꝛ il leur respõdit que cestoit la glo
rieuse vierge ma dame saicte barbe loꝛs furēt les crestiēs
moult topeulp ꝛ cõgneurēt q̃lz estoiēt gueris ꝑ le merite
de la saicte ẽge ꝛ pource ilz alerēt q̃rir tous les coꝛps de
ceulp q̃ furēt tuez a lassault de la cite et les apporterent
au sepulcre de la saincte vierge en lui pꝛiãt q̃lle les voul
sist ressusciter ꝛ icontinēt ilz resusciterēt toꝰ en bõne sãte
ꝑ lesq̃lz miracles leuerēt le coꝛps saict ꝛleuoiterēt a tõme
Lõg tēps apres charles le grãt q̃ fut roy de frãce ꝛ empe
reur de rõme fit tãt enuers le pape honoꝛe premier de ce
nõ q̃ le coꝛps de ma dame saicte barbe lui fut octroie foꝛs
le chief seulemēt leq̃l demoura a tõe ꝛ fit poꝛter le coꝛps
en la cite de placēte ou il repose encoꝛe iusq̃s au iouꝛdhui
en ẽng monastere de loꝛdꝛe saint benoit auq̃l lieu nostre
seigneur a fait de puis maint beau miracle en lõneur de
saincte barbe.   Aultre miracle.

Dne fēme dalemaigne nõmee Duiande q̃ estoit dune
ville nõmee zotefleur estoit ẽng iour sur la mer en ẽng
sien vaisseau ꝛ veit sur les ondes de la mer venir ẽng
hõe tout nud sur ẽne escelle q̃l auoit embꝛasse ꝛ estoit sy
refroidi quil ne pouoit plꝰ se tenir ny aider. Driãde tour
na celle pt ꝛ tira celui hõe dedēs sa nef ꝛ le rechauffa au
mieulp quelle peut ꝛ puis lui demãda a qui il estoit ꝛ il
lui respõdit ie suis de lõdꝛes en engleterre ꝛ ay nom puc
et suis archeuesque de cãtoꝛbie ie estoie entre en ẽne nef
auec mes gēs pour aler sur la mer tēpeste se leua mõ ẽa
isseau ꝛ mes gēs furēt perilz ꝛ ie suis eschappe tõe voꝰ
voies ainsi tõe ilz nagoiēt ꝛ tõe ilz a pꝛuchoiēt dãle petite
isse de mer ouãde regarda vers ẽne isle ꝑs de la vit ẽne
moult belle dame clere tõe le soleil ꝛau plus pꝛes de celle
estoiēt deup testes dhõmes nouuellemēt coupees qui crñ
oiēt a hault crꝑ cõfessiõ cõfessiõ. Sathã estoit au milieu

de ces deux testes. orlãde dit q̃ le cõseil de leuesq̃ Dit ceste
pt pour scauoir q̃ cestoit ꝗ se ala sathã dudit lieu ꝗ le con
tura leuesq̃. orlãde demãda lors audictes testes pourquoi
elles crioiẽt Vraiemẽt dame dit lune delles nous auons
aultre tẽps este deux marihãs qui auons este prins des
sarrazis q̃ nous ont aisi decolles cõe Vous Votes. mais
pource q̃ eꝛ nꝛe Vie noꝰ auds eu especialle deuotiõ a ma
dame saicte barbe que Vous Votes de coste nous ꝗ nous
garde de sathã pource que noꝰ auds tenne sa Veille ꝗ so
lẽnise sa feste elle nous a p soꝛ merite aide ennets dieu
q̃ noz ames ne ptiãt de noz chief iusqꝫ que noꝰ ferds cõ
fessee. Et assi que tu sachees q̃ nous sãmes ie suis tõ pro
pre frere germai ꝗ mõ ꝯpaigno icy est oncle de toꝛ amy
orlãde cuida mourir de dueil quãt elle eut cogneu la teste
de sõ frere ꝗ quãt le cueur lui fut reuenu elle appella yue
larreuesque ꝗ lui pꝛia q̃ ouꝑt ces deux testes eꝛ confessi
oꝛ ꝗ il y ala ꝗ les ouꝑt lune apꝛes lautre ꝗ se cõfesserent
aussi deuotemẽt que gẽs pourroiẽt faire Et si tost q̃ lar
cheuesque les eut absouꝛbz ilz rẽdirent leurs ames a nꝛe
seigneur.ꝗ lors sathã du grãt dueil ꝗl eꝛ auoit ferit larꝫ
cheuesque Vng coup ꝗ ne demoura gueres apꝛes ledit ar
cheuesque quil mourut.   Aultre eꝛemple.
Vng grãt beuear fut qui tousiours senyuroit ꝗ cõe il eut
foꝛt beu Vne nuict le feu pꝛit eꝛ sa maisõ etfut tous arꝫ ꝗ
daultres maisõs empꝛes la sienne. Aduit au bout de laꝛ
que ses amis pour edifier celle maisõ firent par Vng ma
nouurier desblaier la place ꝗ eꝛ frappãt de soꝛ pic ouꝑst
Vne Volp ẽtre ses pierres q̃ lui dit fiers tout bellemẽt car
tu piochees trop foꝛt ꝗ aisi lui dit p trois fots. le menouꝫ
uriec fut tout esbassi.ꝗ il lui demanda quil estoit.ie suis
dist la Volp celluy ꝗ souloie demourer eꝛ celle maison ꝗ
q̃l fus arꝫ il ya Vng aꝛ moꝛ ame est eꝛ moꝛ coꝛps et
nẽ partira iusques a tant que ie soye confesse et q̃ ie
aye receu le coꝛps de nostre seigneur hiesucrist et ma e-
ste celle grace octroye par les merites de saincte barbe eꝛ
                                    a.iiii.

laquelle iay eu especialle deuotion en ma Vie en ieunant
sa Veille et en faisāt sa solēnite. Le bō hōme a la querir
le pstre et il Vint icōtinēt et fit desblaier iusqs a la lāgue
qui estoit toute entiere et se confessa au pstre aussi biē que
hōme pourroit faire. Jcellui absoubz il demādā le corps
Iesus et le pstre le mist sur la lāgue incōtinēt tout se pdit
ne onctqs puis on ne Vit la lāgue ne nře seigneur iħūcrist
Aultre miracle.
Vng cheualier deuot a saincte Barbe ala Vng iour en ba
taille cōtre ses ennemis il fut prins occis et decolle sō che
ual fut tout ensanglāte du sāg de sō maistre et eschappa
et sen fuit a lostel tout effroie ceulx de lostel furēt moult
dolens et alerēt pour scauoir sil trouueroient leur seigg
neur et menerēt Vng prestre auec eulx qui portoit nře sei
gneur quāt ilz Vintēt au lieu ou le cheualier gisoit mort
son corps a Vng lieu sa teste a lautre le cheualier apella
le pstre et luy pria ql mist sō chief touxpte sō corps et quil
lui sēbloit pour les merites de saincte Barbe a q̄ il auoit
eu especialle deuotion il seroit resuscite.le pstre print la te
ste du cheualier et la mist touxpte le corps et pstemēt il ref
suscita et se leua tout sain et Vesquit de puis sainctement
Exemple.
Vng tresgrant pecheur fut en la cite de colloigne mays
toutesfois auoit especialle deuotion a saicte Barbe il fut
Vng iour prins de la iustice p ses demerites et iuge a es
stre tout Vif mis sur Vne roue et furēt cōmis aucūs hōes
a le garder iusques ql seroit mort aisi quon fait cōmune/
mēt en icelle cōtree le bourreau le prit et lui rōpit le dos et
les iābes affi ql fut plustost mort et le mist sur la roue
quāt ilz eurēt garde iour et demi il lui ēnuia q̄ il ne mou
roit poit et si estoit en si grāt āgoisse en celle nuict que ce
stoit grāt pitie la glorieuse Vige marie et saicte Barbe auec
elle saparurēt au malheureux en le recōfortāt et lui dirēt
q̄ pour lamour de saicte Barbe q̄ la estoit a q̄ en sa Vie il a
uoit eu Vng peu de seruice il ne mourroit poit ql ne fut cō

fesse qͥl ne receut nͬe seigneur mais il auoit asses a sou
frir et lamonestãt asses de tout prẽdͬe en patiẽce.le poure
hõe fut tout recõfoͬte de la Bisiõ mais quãt le Bourreau
le Bit ledemain ioieup ꝗ de bõne chiere si enfut foͬt dolẽt
pource qͥl lui cõuenoit garder cest hõe qui ne pouoit moͬir
si lui bouta Bne lãce quil auoit dedens le coͬps ꝗ lui fist
ĩp.plaies ꝗ le poure hõme crioit hoͬriblemẽt pour la dou
leur qͥl sͤtoit a son cry accoururẽt plusieurs gens de che
ual ꝗ de pie ꝗ la prés passoient a celle heure Quãt le bour
reau les ouyt Benir il sͤ fuit ꝗ le poure dit a ceulp qui la
Bidͬent.helas dit il bõnes gens ie suis icy passe a quatre
iours ꝗ ne puis moͬir pour les merites de ma dame sai
cte Barbe iusꝗs que soie ꝗfesse ꝗ garni du coͬps de nͬe sei
gneur si Boles cõme ie suis plaie ꝗ naure et ma reuele
en ceste nuit la glorieuse Bierge marie ꝗla glorieuse mar
tire saincte Barbe les gens alerent hastiuement a colloiꝰ
gne dire ce quil auoient Beu ꝗ ouy et chascũ courut celle
part ꝗ apoͬterent le poure hõe ꝗ la roue dedens la cite qui
estoit chose paoureuse a regarder.le poure hõe racompta
en audience tout son fait ꝗ puis il se confessa ꝗ receust le
coͬps de nͬe seigneur ꝗ icõtinẽt il tͤspassa en nͬe seigneur

    Bng moine fut en Brebãt le-   Aultre exemple.
quel en abͬeuãt son cheual en Bne riuiere se noia icõtinẽt
ma dame saicte Barbe a laꝗlle il auoit speriale deuotiõ sa
parut a lui en semblãce de damoiselle ꝗ le pͬit p la main
ꝗ le mist hoͬs de la riuiere ꝗlui dit quelle estoit saicte Bar
be ꝗ quelle lauoit saulue de moͬt par la grãt deuotion qͥl

    Il estoit Bng sarrazin geãt mais il   lauoit a elle.
auoit sõ especialle deuotiõ a ma dame saicte Barbe il fut
Bng iour Baincu de ses ennemys pͬins occis ꝗ decolle et
eut son chief mis en terre ou il fut. lp.ans en fouy et ace
terme aulcũs ouuriers fouissoient en ce lieu ou le geant
estoit. Ilz trouuerent le chief aussi fres et aussi nouueau
dechair ꝗ de cheueup.comme il estoit le premier tour quil
fust coupe ilz en eurent grant merueille et laierent dire

a leuesque ꝗ assembla le peuple ⁊ notable assẽblee dit eṇ
ce lieu ⁊ leuesque cõiura celle teste p̃ le nõ de iħūcrist ꝗlle
dit de ꝗ elle estoit ⁊ cõment elle pouoit ainsi demourer eṇ
terre sãs corruptiõ. Je suis dit celle teste dũg grãt paieṇ
⁊ ay este trp. lp. ans ⁊ icõtinẽt que sas orđs ieusse este dã
ne se neust este laide ꝗ ma fait saite barbe eṇ laquelle eṇ
ma bie auoie especialle deuotiõ nõ obstãt ꝗ ie fusse paie
ꝰ iis p̃ le merite dicelle glorieuse saicte barbe ie ne puis
mourir iusques a tãt que ie soie baptise. Adõc leuesꝗ ba
ptisa celle teste ⁊ icõtinẽt lame sen ptit ⁊ bola eṇ paradis
Aultre epemple.

Marchans bng iour se misrent sur la mer eṇ bne nef et
quãt ilz furent eṇ la haulte mer bne tempeste se leua si
grãde si horrible ꝗlz furẽt tous uotes fors seulemẽt deup
brabãcons ꝗ requirẽt laide de saicte barbe a leur grãt bei
soig a laquelle il auoiẽt tousiours eṇ especiale deuotioṇ
lesquelz p̃ le merite de la glorieuse saicte eschapperẽt ⁊ se
sauluerent chascũ eṇ son esselle ⁊ furent trois iours ba
gãs eṇ ce poit dedens la mer ꝗ moult grãt ãgoisse souf/
froient tous refroidis ⁊ mouifles. Et quãt ilz furent be
nus a riue ilz sen alerent confesser au mieulp ꝗlz peurẽt
⁊ receurent le corps de nostre seigneur moult deuotemẽt
puis icontinent ilz rendirent leurs ames a dieu.
Aultre epemple.

bng bourgois eṇ la duche de gneme eṇ alemaigne fust
ꝗ auoit bne bõne ⁊ deuote fẽme ⁊ auoiẽt tous deup tres/
grande deuotioṇ ⁊ ma dame saicte barbe. Aduint que cel
lui bourgois eṇ ses anciens iours fut si malade quil p̃
doit son sens ⁊ connenoit quil eust tousiours bne psõne
auec lui ꝗ le gardast. bng iour ꝗl eut este eṇ leglise il se
reuit tout senl eṇ sa maisõ ⁊ entra eṇsa chãbre ou il trou
ua sa fẽme agenouillee eṇ oraisõ. Il ne dit mot mais al
la au cheuet de son lict ou bne espee pendoit ꝗ souloit por
ter ⁊ la mist secretemẽt soubz son mãteau. ⁊ puis ala eṇ
son estable et bouta son espee dedens son corps tout oul/

tre dioit par le milieu de son cueur et touteffois il ne mo
rut point si tost/ains sen alla en ce poit monstrer a sa fe
me. Quāt sa fēme le vit en ce point elle cōmenca a fais
te. Vng treshault cry. Les gens vindrent au cri et si tost
quilz virent ledict bourgois en ce dangier ilz allerent que
rir le cure qui tantost fut venu. Le bourgois se confessa
a son cure tresdeuotement et puis luy requist quil lui dō
nast le corps de nostre seigneur ihesucrist. Le cure ne luy
osa donner pour doubte de la iustice. Lors dauenture le
duc de gneme estoit en la ville qui ouyt parler de ce mes
chief lequel en fust fort doulent pource q moult laymoit
si lala visiter. Quant le bourgois veit son seigneur il
ploura a grosses larmes et lui pria quil luy pardonnast
le terme de sa mort et lui dit que saincte barbe lauoit pser
ue de mort iusques a tāt quil fut confesse et cōmunie. le
bon duc qui eut pitie de lui voulentiers lui pdonna p le cō
seil du cure. Lors le cure donna audict bourgois le corps
de nostre seigneur ihūcrist. Apres par le consentemēt du
duc il fut ouuert et fut trouue que son cueur estoit trenche
par le milieu qui fut chose de grant merueille.

Aultre exemple.

Trois abbes du pais de frise sen alolēt vne fois au cha
pitre general et passolēt p vne forest dāgereuse ou larrōs
reparoient souuent et se hastolēt de passer pour le peril et
dāgier du chemin si ouyrēt vne voiρ q apella lūg deuls
par son propre nō en lui priāt au nom de dieu quil voulsi
sist parler a lui et lui aider et ilz alerent et trouuerent la
teste dūg hōme toute nouuellement coupee qui leur dist
quilz neussent point de paour. Ie estoye dit la teste mar
chant en mō temps mais puis trois iours larrons māt
prins en ce bois et mont desrobe et puis ment coupe la
teste et touteffois dieu merci et ma dame sainicte barbe a
laquelle lauoie especialle deuotion elle ma preserue/gar
de que ie ne puis mourir iusques a tant que ie soy confes
se et aye receu le corps de nostre seigneur ihesucrist.
Si vous prie que vous mettes mon chief en son lieu de

couste mõ corps ꝗ̃ la gist ⁊ lay esperãce a ma dame saicte
Barbe que elle me guerira. Les abbes prindrent celle teste ⁊
la mistrent en sõ lieu ⁊ prestemẽt il ressuscita tout gari et
sen ala auec eulp et en la ꝓmiere Ville ou ilz se heberge⸗
rẽt il se cõfessa deuotemẽt a lũg deulp ⁊receut le corps de
nr̃e seigneur ⁊ ꝑstemẽt il trespassa ⁊ rẽdit sõ ame a dieu

Aultre miracle.

Aduint Vne fois en la Ville de malines en brebãt ꝗ plusi⸗
eurs hõmes se logerent en Vng hostel et Vouloient faire
abstinence en lõneur de ma dame saicte barbe pource ꝗlz
estolẽt de sa Ville leur oste ne sen fit que mocquer ⁊ leur
dit quil auoit rosti Vng chappõ dequoy il souperoit ⁊ Ver
roit se pour cela il mourroit sãs cõfession nõ plus que les
autres il soupa de son chappõ ⁊ puis sen ala coucher le
lendemain au matin il fut trouue mort en son lict.

Aultre miracle.

Vng preudhõme fut ꝗ auoit grãt deuotiõ a saicte barbe
et il estoit Vng soir a la tauerne ou il beuoit auec plusi⸗
eurs aultres. Aduint ꝗ Vng larron embla leens Vne tas
se dargent quãt loste se apceut il ferma sõ huis et Vou⸗
lut scauoir sur lequel pourroit trouuer sa tasse dargent.
Le larõ ꝗ estoit malicieup quãt il Vit ce il sapproucha
de ce preudhõe tout colmẽt ⁊ lui mist la tasse en sa gibe⸗
siere ⁊ sen ala sãs ce ꝗ on trouuast riens sur lui Finable
mẽt la tasse fut trouuee enla gibesiere du preudhõe si fut
aceuse deuãt la iustice ⁊ cõdãne a mort nõ obstãt ses ep⸗
cusatiõs il fut pẽdu ⁊ apres fut grãt piece au gibet sans
moir et tãt ꝗ grãt temps aulcũs ieunes hõmes ꝗ la au
pres gardoient les pourceaulp Vindrent pres de lui il pr⸗
la a eulp et leur pria quilz lui aidassent a le despendre et
que a tort il auoit este pendu iceulp en eurent grant mer
ueille et laserẽt anoncer a iustice chascun y couruft pont
Veoir les merueilles. Ilz le trouuerẽt Vif et le despendi⸗
rent et lui demãderent cõme il auoit este preserue de mort
adõc leur respõdit ꝗ saicte barbe lauoit ꝓserue pour deup

causes. Lune pource que le la servoie de bō cueur. Lautre pource que ie navoie poīt de coulpe du larrecin q̄ on mavoit īposé. Le preudhōme vesquit de puis long temps.

Aultre miracle.

Au tēps que les normās arriuerent en flādres ilz destruirēt le pais et aduint que les flamās les descōfirēt il y eut vng cheualier normant abatu a mort qui gisoit sur le sablon a la riue de la mer entre les mors et y auoit este quīze iours entiers tousiours requerant laide de ma dame saincte barbe a qui il auoit eue especialle deuocion lui priāt quelle ne le laissast point mourir sās cōfession Aduint q̄ vng pescheur peschoit au pres de la ou le cheualier estoit et louyt crier si lala annoncer au prestre qui prīt son estolle et le corps de nostre seigneur et sē ala ou le cheualier gisoit et le leua du sablō et lui demāda cōmēt il auoit este si long tēps sans mourir et lui respōdit q̄ cestoit par le merite de ma dame saincte barbe et se cōfessa bien et deuotemēt et receut le corps de nostre seigneur et rendit son ame a dieu.

Aultre miracle.

Vng paintre fut bō ouurier de sō mestier q̄ paignoit vng iour de ma dame saicte barbe mais quant vint au pourtraire les locustes qui sōt en sō histoire il ne lui pouoit souuenir de la figure de ces locustes si pria deuotement la glorieuse saincte barbe dōt il pourtraioit listoire quelle lui voulsist faire entendre la forme de ces locustes apeu eut il fine son oraisō q̄l vit vne locuste deuant luy il la prīt et regarda sa figure et mist en vne boete iusq̄s q̄l auroit fait. mais quāt il eu[illegible]ait il ouurit sa boete et ny trouua riens.

Aultre miracle.

Vng hōme fut en alemaigne tresdeuot a ma dame saicte barbe lequel par la subiectiō du diable prīt par force vng iour vne fēme le iuge le fist prēdre et mener aux champs et dung pal agu lui fist percer le ventre et le fist garder iusques quil fust mort. Et voiant ceulx qui lattendoiēt

il reuint a vie p̄ le merite de saincte Barbe τ eut confession
Aultre miracle.

Aduint vng iour en celle mesme contree que vne
maison cheut par vne nuict en laquelle entre plusieurs
aultres estoit vne damoiselle deuote a saincte Barbe. Il
cheut sus elle plus de cent charetees de boys et de pierres
les voisins coururent celle part et osterent ce qui estoit
cheut sur la dicte damoiselle et la trouuerent toute debri/
see mais elle estoit encores en vie et lors elle demanda le
prestre et dit que les merites ma dame saincte Barbe la/
uoient gardee de peril.

Aultre miracle.

Vng ieune homme fut tresdeuot a ma dame saincte
Barbe et pour lamour delle auoyt propose de demourer
vierge mais pour le grāt admonnestement de ces amis
ou du diable il se maria et fianca vne belle ieune femme
La nuict ensuiuāt il lui sēbloit quil estoit en vng moult
beau iardin ou estoient plusieurs moult belles damoy/
selles et lui sembloit quil les veoit toutes au visaige
fors que vne tant seullement qui lui auoit le dos tourne
et pource quelle lui sembloit lune des plus belles estoit
doulent quil ne la pouuoit veoir au visaige. Si deman
da a lune delles qui estoit celle qui lui auoit le dos tour/
ne. Elle lui respondit que cestoit saincte Barbe a qui il a/
uoit si grant amour et deuotion et pource quil prenoit v
ne aultre femme a seruir lui tournoit et deuoyoit sa face
et lui dit que le diable par enuie lui auoit procure ce ma
riage. Le ieune homme se repentit de ce quil auoit fait et
fit promesse a celle vierge que iamais ne se marieroyt
ains demoureroit au seruice de ma dame saicte Barbe tou
te sa vie.

Aultre miracle.

Vng marchant estoit vng iour en vne nef sur la mer
auec plusieurs aultres leq̄l par meschief cheut en la mer

et ses cõpaignons veirent quilny auoit point de remede
pour le sauluer si sen allerent. Aduint que ma dame sai
cte barbe a laquelle auoit singuliere deuotion luy aida a
son grant besoing car incontinét quil fust cheut elle sap
parust a luy au fons de la mer et le print par la main et
le remena au dessus de leaue et en ce point le tint sur lea
ue iusques a tant que daultres marchans passerent par
la qui le prindrent et le mistrent en leur nef et le menerent
au port ou ses compaignons estoient tous ensemble
Et quant ses compaignons furent arriues et le veirét
sur la riue ilz furent moult esbahis et par grant deuotiõ
lui demanderent comme il auoit este saulue et il leur cõ
pta tout. Si louerent tous ma dame saincte barbe. Et
plusieurs aultres miracles a faict nostre seigneur en lõ
neur de celle glorieuse vierge mais il souffist asses de
ceulx cy pour le presét par lesquelz appert que quiconqͷ
aura singuliere deuotion a ma dame saincte barbe ⁊ qui
ieune sa veille et solênise le iour de sa passion il ne peut
trespasser de ce siecle quil ne soit auant confes et repen⸗
tant et quil ne recoiue le corps de nostre seigneur hiesu⸗
crist et par consequent saulue en la gloire de paradis en
laquelle par le merite de la glorieuse saincte barbe puis⸗
sons tous paruenir. A M E N.

Quiconques dira ou portera sur soy loraison qui sen
suit lennemy de tout ce iour ne luy pourra nuire ne foul
dre ne tempeste ne lui fera nul mal ne ne tombera en la
maison ou ceste oraison sera. Et qui la dira deuant limaͨ
ge de ma dame saincte barbe vng cierge benoist ou vne
chandelle alumee en sa main se tiengne seur de ne mou⸗
rir point sans confession.

Lorieuse saincte Barbe ie te requiers treshumble-
ment Quil te plaise moy prendre en garde Que
lennemy aulcunement Ne puisse sur moy nulle-
ment Auoir victoire deshonneste. Pour moy mettre a dã
nement. Ma peril par nulle tempeste. Biẽ scay que tu as
la puissance. Car dieu la ta voulu donner. Quant pour
lui prins en patience. Tant de peine et endurer. Les mar
tires que trop durer. Fit tõ pere par sa durte De sa main
te voulut decoler. Car a mal estoit a hurte. Tu as este
tousiours certaine. Sans point varier nullement Pour
trauail martire ne peine. Que lõ te feist iniustement;
Je te requiers treshumblemẽt. Quil te plaise pour moy
prier. Celuy qui ta si doulcement. De tous maulx vou-
lu deliurer. De bõ cueur te fais ma priere. Car a toy iay
deuotiõ. Pour moy conduire a lumiere. Je te fais ma
petitiõ. Tu entens mon intentiõ. Entẽs a moy ie tẽ
supplie. Car de cueur ꝇ daffectiõ. Te seruiray toute ma
vie. Prens en gre mõ petit seruice. Car a toy me veulx
adonner. Affin que tu me soies propice. A mõ trespas
quant ordonner. Il plaira a dieu de donner. Congie a la
mort de moy prendre. Ne me vueilles abãdonner. Mais
deuant lui me vueilles rendre.

Sanctus deus   Sanctus fortis   Sanctus et imor-
talis miserere nobis. A fulgure et tempestate libera nos
Pater et filius et Spiritussanctus.   Amen.